www.loqueleo.com/es

2018, Santillana Infantil y Juvenil, S. L.
Avenida de los Artesanos, 6. 28760 Tres Cantos (Madrid)
Teléfono: 91 744 90 60

ISBN: 978-84-9122-252-1
Depósito legal: M-814-2017
Printed in Spain - Impreso en España

Segunda edición: enero de 2018

Directora de la colección:
Maite Malagón
Editora ejecutiva:
Yolanda Caja
Dirección de arte:
José Crespo y Rosa Marín
Proyecto gráfico:
Marisol del Burgo, Rubén Chumillas, Julia Ortega y Álvaro Recuenco

Un tritón en la mochila

Carlota Echevarría

Ilustraciones de Adolfo Serra

loqueleo

Para mi abuela Meme,
con quien comparto el amor
por los libros.

1

Quizá hayas oído hablar de mi padre: se llama Fernando Sáez Souto y es, según las noticias, el hombre que resolvió el misterio de las pirámides.

Ha salido en la tele, en periódicos y en revistas. A veces le llaman para dar conferencias y, si tiene que viajar a otra ciudad, nos invitan también a mi madre y a mí, que nos vamos de vacaciones gratis.

Vale, reconozco que eso no es tan habitual. Por ahora, solo ha pasado una vez: cuando nos fuimos a Madrid a la fiesta de la revista *Planeta Tierra*, el verano pasado. Pero ese viaje valió por diez.

Para empezar, yo estaba muy contento porque habían dejado venir a Teo, mi mejor amigo. Teo había entrado en el colegio ese año, pero ya era como si nos conociésemos de toda la vida.

Recuerdo la sensación de estar en el coche, esperando frente al portal de Teo con la ventanilla bajada. Entraba aire fresco y la ciudad estaba tranquila. Era el primer jueves de julio y teníamos todas las vacaciones por delante.

—¡Hola, Marcos! —me saludó Teo al entrar en el coche—. ¡Hola, Blanca! ¡Hola, Fernando! Mis padres me han pedido que os dé las gracias otra vez. Y dicen que han visto la entrevista en el dominical y que vaya éxito y que enhorabuena.

Mi padre se rio y le dio las gracias. Se notaba que Teo estaba tan entusiasmado como yo.

Supongo que te estarás preguntando por qué se ha hecho famoso mi padre, en qué consiste exactamente «resolver el misterio de las pirámides». En este caso no tiene que ver con tesoros, cámaras funerarias o joyas malditas, sino con la construcción de las pirámides. Hoy día no sería tan difícil construirlas con la ayuda de poleas, motores, grúas, programas de ordenador... Pero los egipcios no tenían nada de eso.

Nada. Ni siquiera poleas. En la época del faraón Keops no conocían ni la rueda. Movían las piedras en trineos, y eso ya les debía de parecer tecnología punta.

Me imagino cómo serían los supermercados actuales si los carritos no tuviesen ruedas. Pondríamos la compra en trineos como los de los egipcios y tiraríamos de un par de cuerdas para moverlos.

Uno de los motivos por los que mi padre está teniendo tanto éxito es porque lo explica todo mejor que nadie. Aunque no sepas nada de Egipto, si te lo cuenta él, te enteras perfectamente. A mí siempre se me olvida explicar algunas cosas porque no sé qué parte conoce todo el mundo y cuál tengo que contar. Por ejemplo, no he dicho que Keops vivió hace 4.500 años y su pirámide es la mayor que se construyó nunca. Seguro que has visto la típica foto de Egipto con tres pirámides muy juntas: son la de Keops, la de Kefrén y la de Micerinos. En ese momento, hacer pirámides estaba muy de moda: en cuanto terminaban una, se ponían con la siguiente. Pero, después, los egipcios vivieron una crisis y durante muchos años estuvieron demasiado ocupados en sobrevivir como para ponerse a construir nada.

Eso de la moda es una forma de hablar. Si me oyese mi padre, me echaría en cara la falta de rigor. *Rigor* es su palabra favorita.

No creo que haya ningún padre en el mundo que la use tanto como el mío, en serio.

Rigor, rigor, rigor.

Pero en aquel momento yo no estaba pensando en las pirámides, ni en la rueda, ni mucho menos en el rigor histórico, porque Teo quería que jugásemos a algo.

—¿Los camiones amarillos valen dos y los demás, uno?

Y, como aquel día mi vida era insuperable, ese juego me pareció lo más.

—Vale, pero *al verres* —propuse.

Al verres es *al revés* dicho al revés. Bueno, en realidad no, pero supongo que al que se le ocurrió no se dio cuenta de que lo había deletreado mal, y una vez te acostumbras a decir *al verres* es imposible cambiarlo.

Lo usamos como palabra clave para entrar y salir del mundo al revés. Cuando uno de los dos dice *al verres*, las normas se invierten, y cuando alguien dice *al verres* otra vez, volvemos a las normas del principio.

—¡Dos! —gritó Teo porque había visto un camión que no era amarillo.

Me pegué a la ventanilla y enseguida detecté un par de camiones en la distancia.

Después de un rato, cuando Teo llevaba veinte puntos y yo veintidós, dijo:

—¡*Al verres*! —Y volvimos a las normas originales. La gracia es decir *al verres* muchas veces seguidas para despistar al contrario.

Mi madre me miró por el espejo del asiento del copiloto.

—Si dejáis de gritar, juego con vosotros.

Eso me recordó otra cosa que me había dicho antes de que llegase Teo.

—¿Sabes qué? ¡Mi madre nos va a llevar al Parque de Atracciones o a donde queramos!

Teo tiene los ojos grandes y redondos, y cuando pone cara de sorpresa o de entusiasmo, se vuelven aún más grandes y más redondos.

—¡¡Siempre he querido ir al Parque de Atracciones!!

—¡¡Yo también!!

Teo dio un saltito de alegría, que quedó reprimido por el cinturón de seguridad.

—¿Y si no, adónde? ¿Qué es «donde queramos»?

—Podríamos ir al Zoo —dijo mi madre—. O a un museo. El arqueológico, por ejemplo.

Teo y yo nos miramos. Seguro que el arqueológico estaba genial, pero los dos teníamos claro qué preferíamos.

—¡Vamos a ir al Parque de Atracciones! —grité.

Y Teo dijo, casi a la vez:

—¡Al Parque de Atracciones!

Pero hablar del Zoo me había hecho pensar en otra cosa. En un secreto. Aunque mis padres no lo sabían, en el asiento de atrás no íbamos solo Teo y yo.

Había otro motivo por el que quería ir a Madrid, algo que para mí era tan importante como la conferencia sobre las pirámides para mi padre.

2

Todo el éxito de mi padre viene de un libro, titulado *Técnicas de la construcción en Egipto*, que escribió hace nueve años. En aquel momento, le interesó a muy poca gente. No hubo entrevistas ni llamadas telefónicas; de hecho, casi nadie lo leyó.

Eso lo sé porque me lo han contado. Cuando se publicó, yo solo tenía dos años y lógicamente no me acuerdo de nada.

Ese día también pasó otra cosa: para celebrar que salía el libro, mi padre fue a una tienda de reptiles y me compró a Ptolomeo.

Ptolomeo es un ajolote y, salvo por su nombre, no tiene nada que ver con Egipto.

Los ajolotes son unos anfibios que proceden de México y que se parecen un poco a un renacuajo gigante y muy simpático. Para que te hagas una idea, tienen el tamaño de un tubo de pasta de dientes.

Hace unos años vi un documental en el que decían que el ajolote es una de las criaturas más feas del mundo marino y aún estoy indignado. Para empezar, cualquiera que haya visto un ajolote se habrá dado cuenta de que siempre parece estar sonriendo. Además, estoy bastante seguro de que los creadores de *Cómo entrenar a tu dragón* se inspiraron en él para dibujar a Furia Nocturna, el dragón protagonista.

Y no solo eso. ¡Hasta hay un Pokemon ajolote! Si no me crees, búscalo: se llama Mudkip.

El asunto es que, por razones de vital importancia, había decidido llevarme a Ptolomeo a Madrid. Me habría gustado hacerlo abiertamente, pero mis padres se habrían opuesto, así que tenía que ser en secreto. Solo lo sabía Teo, que en ese momento me miraba en plan cómplice.

Los dos habíamos pensado algo así: zoo/animales, animales/mascotas, mascotas/Ptolomeo.

«¿Dónde está Ptolomeo?», me preguntó Teo. Solo que no me lo preguntó hablando, sino mentalmente.

Señalé la mochila que había junto a mis pies.

Mi padre pensaba que me había vuelto loco llevando tantos libros a un viaje tan corto, pero la bolsa no pesaba por los libros; pesaba porque tenía un bote, el más grande que había encontrado, con Ptolomeo dentro.

Abrí la cremallera sin hacer ruido y lo destapé. Por lo general, el acuario de Ptolomeo no está tapado porque necesita mucha ventilación.

—¿Qué pasa? ¿Por qué os habéis callado de pronto? —preguntó mi madre, al tiempo que se giraba.

Casi se me paró el corazón.

Por suerte, me había colocado detrás de su asiento, así que no podía ver lo que tenía a mis pies.

—¿Estáis tramando algo? —insistió mi madre.

Cada segundo callados parecíamos más sospechosos, así que improvisé.

—Es que estaba pensando que igual preferimos ir a Faunia. He mirado su web y tienen un ajolote.

En ese mismo instante lamenté haber abierto la boca. ¿Por qué había dicho nada de ningún ajolote? ¡Lo que tenía que hacer era distraer la atención de ese tema!

—Marcos, de verdad, no te preocupes —me dijo mi madre con cariño. Si hubiésemos dejado a Ptolomeo en casa, seguramente me sentiría un poco intranquilo, y eso era lo que mi madre creía que estaba pasando—. No le va a ocurrir nada. ¡Son solo dos días! Si estuviésemos en casa, podrías pasar dos días sin hacerle caso y ni te darías cuenta.

—Eso no es verdad —respondí muy serio—. Jamás pasaría un día entero sin hacerle caso. Y menos ahora que es tan mayor.

—Vale, tienes razón. Pero sabes que puede quedarse tres o cuatro días solo, ¿verdad?

—Sí. No estoy preocupado —le aseguré.

Los ajolotes hacen la digestión muy despacio, y pueden pasar días sin alimentarse. Además, les gusta estar en sitios oscuros y tranquilos, sin nadie que los moleste.

Pero sobre todo no estaba preocupado porque lo estaba viendo, nadando tan tranquilo sobre el suelo del coche. Los ajolotes son alegres hasta en su modo de nadar.

Cuando mi madre dejó de hacernos caso, saqué el termómetro de un bolsillo de la mochila y comprobé que el agua de Ptolomeo siguiese fresca. Parecía que mi invento estaba funcionando: el día anterior había cogido una bolsa de congelados y la había puesto en torno al bote para que no se recalentase con el calor del coche.

Puede que estés pensando que soy un exagerado, que nadie se preocupa tanto por sus mascotas o incluso que no es bueno mimarlas demasiado. Pero es que Ptolomeo no es un ajolote cualquiera.

Es único en el mundo.

Y lo digo totalmente en serio.

3

Hay gente que piensa que su mascota es única porque es suya y le tiene especial cariño. Eso está muy bien. Pero yo lo digo con objetividad: Ptolomeo es un ejemplar único por la sencilla razón de que ha superado la expectativa de vida de su especie.

En otras palabras: es el ajolote más viejo del mundo.

Se calcula que su especie puede llegar a vivir siete años. La mayoría vive menos porque no están en las condiciones óptimas. Ptolomeo tiene más de nueve años y, aunque es cierto que es un ajolote tranquilo, no parece mayor ni enfermo.

Quizá dos años no parezcan mucho, pero es diferente cuando lo vives. Día a día.

Cuando Ptolomeo cumplió siete años, empecé a preocuparme. Cada mañana miraba su acuario temiéndome lo peor. Y cada mañana me llevaba una grandísima alegría al descubrir que estaba perfectamente.

Era como si todos los días ocurriese un pequeño milagro.

Y cuando llevas más de dos años de milagros, tienes bastante claro que eso hay que compartirlo con el resto del mundo.

Ptolomeo es un fenómeno de la naturaleza. El ajolote que más tiempo ha vivido, o sea, el ajolote más longevo de la historia. Y eso es lo que le pensaba decir a Lucía Téllez, la encargada de «Animales imposibles».

En *Planeta Tierra*, la revista que había invitado a mi padre a Madrid, hay una sección dedicada a animales extraordinarios. Está pensada para ejemplares que son únicos en su especie, exactamente igual que Ptolomeo. La mayoría hacen cosas como tocar el piano u ordenar los números del uno al diez. Impresiona mucho, pero al final uno se cansa de los monos inteligentes (porque esas cosas siempre las hacen monos) y seguro que los de la revista estaban buscando animales exóticos y originales como los ajolotes.

A mitad de trayecto paramos en un área de servicio a tomar algo. Llevábamos galletas y sándwiches de Nocilla, pero decidimos bajar para descansar un poco del coche. Además, Teo no puede comer en movimiento, ni siquiera toma chicle mientras camina.

Teo tiene algunas peculiaridades como esa. No es un maniático ni está obsesionado con el orden ni nada de eso; simplemente le gusta hacer determinadas cosas de un modo muy concreto.

—¿Qué queréis? —nos preguntó mi madre delante de la barra del bar.

—Agua muy fría —respondió Teo, y yo dije que quería agua pero del tiempo.

Lo teníamos hablado de antes: así podíamos bebernos mi agua entre los dos mientras nos tomábamos el segundo desayuno, y reservar la fría para Ptolomeo. La temperatura de su acuario había subido y teníamos que conseguir que bajara.

Nos sentamos a tomar los sándwiches en una de las mesas de dentro de la cafetería, porque fuera empezaba a hacer calor. Al principio no podía dejar de pensar en que el coche se estaba recalentando y Ptolomeo se iba a achicharrar, pero después de un rato ahí dentro, con el aire acondicionado a tope, se me olvidó el calor que hacía fuera.

—¿Todo bien? ¿Necesitas algo? —le preguntó mi padre a Teo.

Aunque había sido discreto, todos sabíamos que se refería a sus manías. A mis padres les cae muy bien Teo y siempre están pendientes de él. Seguro que si les hubiese dicho que solía tomarse dos donuts después de las comidas, se lo habrían consentido.

En realidad, Teo no tiene tantas rarezas, y además la mayoría son cosas tontas que apenas se notan. Por ejemplo, yo sabía que en la maleta llevaba un pijama de manga larga, porque no le gusta dormir con los brazos al aire, ni siquiera en verano.

—Me acabo de inventar un juego —anunció mi madre tras un rato de silencio—. Lo podemos llamar «contraseñas de película». La idea es coger un título y cambiarlo ligeramente: si fuese una contraseña, sería fácil de recordar, pero imposible de adivinar. Por ejemplo, *La princesa entrometida*, que parece *La princesa prometida* pero no lo es.

—¿Como *Matilde* en lugar de *Matilda*? —preguntó mi padre.

—¡Exacto!

Nos pusimos a pensar.

—¿*101 chihuahuas*? —propuse, no muy convencido.

—¡Genial! —respondió mi madre, encantada con el éxito de su idea.

—*Kung fu vaca* —se le ocurrió a Teo.

—*Cómo entrenar a tu melón* —sugerí.

—*Tú a Burgos y yo a California* —dijo mi padre—. *¡El jubilado de Notre Dame!*

Mi madre se partía de la risa.

Seguimos jugando hasta que llamaron a mi padre al móvil. Lo cogió y enseguida puso la voz seria y profunda que usa cuando habla con los periodistas.

El humor de mi madre cambió al instante. Fue como si las arruguitas que le salen en los ojos cuando sonríe hubiesen decidido mudarse de casa e irse a vivir al barrio del ceño fruncido.

Yo sabía que había algo de la fama de mi padre que no le gustaba, pero aún no había conseguido averiguar qué.

4

Si quieres convertirte en un historiador respetable, no te dediques a las pirámides de Egipto. Eso es lo que te habría recomendado mi padre si le hubieses preguntado hace unos años. Es un tema que interesa a mucha gente, pero la falta de información hace que, con el tiempo, acaben mezclando historia y superstición.

Quizá te pase como a mí que, cuando era pequeño, no podía entender cuál era el reto de las pirámides. No tienen formas imposibles, como los edificios de hoy día, sino que son como una gigantesca montaña de arena. Tampoco parece para tanto. Pero déjame que te diga una cosa: no están hechas de granos de arena, precisamente, ni tampoco de ladrillos pequeños. Se construyeron con unos bloques de piedra tan pesados que hacían falta varios hombres para moverlos. Y eso sobre el suelo llano. La gran duda es cómo consiguieron subir esas piedras 140 metros.

Cuando mi padre empezó a salir en los periódicos, Amparo, mi tutora, me pidió que explicara al resto de mis compañeros sus descubrimientos. Nadie de mi clase había estado en Egipto (yo tampoco, por desgracia) y me di cuenta de que no tenían ni idea de lo grandes que son las pirámides.

La pirámide de Keops mide 140 metros de alto y 230 de lado. Eso significa que es más alta que la casa en la que vives, que tu colegio, que el hospital y seguramente que cualquier edificio de tu barrio. Cuando entres en un ascensor y veas que puedes subir más de cuarenta pisos, entonces estarás en un edificio tan alto como la Gran Pirámide.

¿Y sabes cuánto tardarías en rodearla caminando? Quince minutos.

Hay dos teorías muy extendidas sobre la construcción de las pirámides: una es que elevaron los grandes bloques de piedra con rampas, y la otra, que las construyeron los alienígenas. No es broma, hay mucha gente que lo piensa.

La cuestión es que la mayoría de historiadores están de acuerdo en que no se construyó una rampa gigante para subir los bloques. Sobre todo porque, para que funcionase bien, esa rampa tendría que ser aún más grande que la propia pirámide. Hay otras teorías, como la de pequeñas rampas que suben en espiral por la pirámide, pero ninguna soluciona del todo el problema.

La construcción de las pirámides era un auténtico misterio, y por eso había gente que pensaba que los extraterrestres les habían echado una mano a los egipcios, subiendo piedras con su platillo volante o algo así.

Lo que hizo mi padre fue suponer que disponían de algo más que los trineos para mover las piedras. Con los trineos, son necesarias unas rampas muy planas, pero ¿y si tuviesen otros inventos que se han perdido con el paso de los siglos?

No creas que mi padre tuvo una idea revolucionaria y superoriginal. En el siglo XIX ya había historiadores proponiendo soluciones parecidas. Lo que él hizo fue dedicarle horas y más horas, inventarse un montón de mecanismos y elegir los que veía más probables. Además, como él es arquitecto, supo explicar cómo podrían haber funcionado.

Para muchos historiadores era un loco más que había decidido perder el tiempo con las pirámides. Pero les pareció interesante que hubiese sido capaz de pensar como los egipcios y proponer nuevos inventos, y también que supiese hacer los cálculos matemáticos de los que otros historiadores huyen, y así fue como consiguió trabajo en la universidad.

Eso fue hace nueve años. Y hace solo seis meses, recibió una llamada telefónica. Unos egiptólogos ingleses habían encontrado unas pinturas murales muy bien conservadas. Y en una de esas pinturas aparecían obreros egipcios usando un mecanismo muy similar al que había diseñado mi padre. No estaban construyendo una pirámide, sino un muro, pero daba igual: el mural demostraba que ese invento existió y se usaba habitualmente en la construcción. Todo lo demás estaba explicado en el libro que había escrito mi padre: cómo se cargaban los grandes bloques de piedra, cómo se elevaban, cuántos hombres hacían falta para manejarlo... El libro llevaba años descatalogado y en cuestión de semanas se empezó a reeditar y a traducir a otros idiomas.

Comenzó a hacerse famoso del modo en que son famosos los historiadores (nada de *paparazzi* y mucho contestar *e-mails* y llamadas telefónicas) y, unos meses después, allí estábamos, en un bar de carretera de camino a Madrid.

Mientras mi padre hablaba por teléfono, Teo había ido al baño, así que estaba solo con mi madre, que seguía con el ceño fruncido.

—Mamá, ¿por qué estás enfadada?

Noté que se relajaba un poco al oír la pregunta. Como si la hubiese pillado enfadándose cuando no tenía derecho a hacerlo, o como si solo por preguntarlo ya hubiese hecho que la situación mejorase un poco.

—¿Por qué crees que estoy enfadada? —me preguntó, un poco sorprendida.

—Porque te estoy viendo la cara.

Mi madre suspiró.

—Te lo cuento si prometes no decírselo a nadie. —Asentí—. Ahora que todo el mundo quiere hablar con tu padre... Esto tiene una parte muy buena, pero también otra que puede hacer que te enfades. Hay historiadores que llevan años ignorando a tu padre, menospreciándolo, y que ahora fingen que son amigos de toda la vida y le piden favores. Eso es lo que me indigna.

No tenía ni idea de que eso fuera cierto. Nunca se me había ocurrido pensarlo.

—No es culpa de nadie, pero es ridículo —continuó—. Tu padre vale lo mismo ahora que hace nueve años, cuando publicó *Técnicas,* y, sin embargo, antes nadie le quería dar trabajo y ahora todo el mundo le reclama.

—¿De verdad nadie le quería dar trabajo?

—De verdad. Pero ahora todo está bien, ¿eh? Tú no te preocupes.

Yo no sabía qué decir. Sus palabras me estaban haciendo pensar en las cosas importantes de la vida. Ya sabes, en si el dinero da la felicidad y todo eso. Siempre que me pongo a reflexionar acabo pensando en Ptolomeo, que es un buen ejemplo de muchas cosas: para empezar, de una vida tranquila, sencilla y feliz.

Solo que, en este caso, pensar en Ptolomeo me hizo recordar que seguramente se estaría cociendo en su acuario, y me entró mucha prisa por regresar al coche.

Cuando Teo volvió, me levanté para que nos marchásemos sin esperar más. No dije ni una palabra porque tenía la mente en ebullición.

5

Mis padres estaban enzarzados en una conversación que tenía que ver con la llamada telefónica. Con el ruido del coche, Teo y yo no los oíamos muy bien y ellos a nosotros tampoco, así que podíamos ocuparnos de Ptolomeo sin miedo a que nos pillasen.

De todas formas, intenté ser cauteloso. En esta ocasión era mi madre la que conducía y, si miraba hacia atrás, podría ver la mochila a los pies de mi asiento. En principio no tendría por qué sospechar que llevaba un ajolote dentro, a menos que me pillase en una situación comprometida.

Como en ese momento, mientras intentábamos quitar parte del agua del acuario y sustituirla por agua fría. No podíamos echar el agua fría sin más, porque si llenábamos el bote demasiado, podría derramarse en algún frenazo.

Trasvasé parte del agua del acuario a mi botella, que ya estaba vacía, hasta que rellené más o menos la mitad. Me llevó un rato porque para sacar el agua solo contaba con el tapón de la botella, pero con tiempo y un poco de paciencia lo conseguí. Teo me miró durante todo el proceso, como si estuviese haciendo algo tan importante como desactivar una bomba.

Luego dejé que un chorrito de agua fría cayese en el acuario. Fue un error.

Me pareció que el ruido del agua al caer se oía más que una sirena de bomberos.

—¡Para, para! —me susurró Teo, y yo pensé que no estaba ayudando, porque quizá mis padres no hubiesen oído el agua, pero seguro que habían oído a Teo susurrando «para, para».

Por suerte, en ese momento sonó el móvil de mi padre.

—¿Son ellos otra vez? —le preguntó mi madre.

—No. No sé quién es.

—¿Quieres que paremos?

—No hace falta, hay cobertura.

Mi padre se puso a hablar mientras Teo y yo seguíamos quietos como estatuas. Parecía que no nos habían oído.

Eché un poco más de agua, solo que esa vez dejé que cayera primero sobre la pared interior del bote, y evité que hiciese ruido. Ptolomeo se revolvió en su acuario al notar la corriente de agua fría.

Esperé un par de minutos y luego metí el termómetro. Marcaba diecinueve grados, que es una temperatura aceptable para un ajolote.

Mientras tanto, mi padre había colgado el teléfono y había retomado la conversación con mi madre, en ese tono que nosotros éramos incapaces de escuchar. Estaban tan metidos en su mundo que era como si no existiésemos.

Lo cual nos venía genial, porque podíamos aprovechar para ensayar.

—¿Ensayamos lo que le vas a decir a Lucía Téllez? —sugirió Teo.

Eso de que los dos estemos pensando en lo mismo nos ocurre un montón. Es parte de nuestra conexión mental.

Nos inclinamos hacia el centro de los asientos para poder hablar en voz baja.

—Hola, Lucía. Me llamo Marcos y tengo un ajolote que es perfecto para «Animales imposibles» —empecé.

—¡Hola, Marcos!

—Hola.

Nos quedamos en silencio un instante.

—¿No dices nada más? ¿Qué pasa, estás en blanco? —preguntó Teo, esta vez hablando como mi amigo y no como Lucía.

—¡Es que si solo me dices «hola», no sé qué responder! Ella debería preguntarme algo como «¿qué hace que tu ajolote sea tan especial?», o tal vez «no conozco los ajolotes. ¿Qué animales son?».

—A lo mejor no te lo pone tan fácil. Si no sabes qué responder, puedes decirle que te gustan mucho sus reportajes. Así le caerás bien y querrá escucharte.

—Buena idea.

Con expresión seria, Teo sacó las llaves de casa que tenía en el bolsillo y me las dio.

—Es mi llavero de la suerte. Te lo dejo hoy y mañana me lo devuelves.

Lo miré, impresionado. Me había fijado en que Teo siempre lo llevaba enganchado al pantalón, pero no tenía ni idea de que lo considerase un amuleto. Aunque me lo había dado como si nada, sabía que estas cosas eran importantes para él.

—Gracias —respondí, y luego me quedé un poco cortado—. Eh... Saltamos directamente a la parte de Ptolomeo, ¿vale?

—Vale.

Me guardé las llaves en el bolsillo y comprobé que los mayores seguían a lo suyo.

—Te presento a Ptolomeo, el tritón inmortal.

Teo asintió para darme ánimos.

Habíamos decidido llamarlo *tritón* en lugar de *ajolote* porque es un animal parecido y que mucha gente conoce. Lo mismo pasaba con *inmortal*: es más impactante que *longevo*. Si intentábamos venderle a «Ptolomeo, el ajolote extraordinariamente longevo», lo más probable es que se riera de nosotros, pero «Ptolomeo, el tritón inmortal» sonaba increíble.

Seguí con mi presentación.

—Pertenece a una especie que se llama *ajolote*, y puede vivir hasta siete años. ¿Sabes cuántos tiene Ptolomeo? Nueve. Mira, he traído una foto de cuando era pequeño para que veas que es verdad. Este soy yo con tres años, y este es Ptolomeo, que ya tenía uno. En la foto se ven estas manchitas de la cola, por si quieres comprobar que es él. No quiero que le hagan estudios para ver por qué ha vivido tanto ni que pase el resto de su vida en un laboratorio, pero me haría mucha ilusión que le dedicases un reportaje.

—Perfecto —me felicitó Teo.

—¿Sí?

—Sí. Aunque echo de menos un poco de entusiasmo. Normalmente cuando hablas de Ptolomeo le pones más ganas. Ahora has sonado demasiado serio.

Es en esos momentos cuando me siento afortunado de tener un amigo como Teo. Nadie me comprende tan bien como él.

—Supongo que cuando se lo esté diciendo a Lucía me lo tomaré más en serio —me excusé.

—Imagínate que te dice que vivir un poco más no le parece para tanto, que no es como para salir en *Planeta Tierra*.

—¿Que no es para tanto? —Sabía que Teo no lo pensaba, pero aun así me ofendió oírlo—. Es como un humano de ciento veintiocho años. Si te dijese que mi abuelo tiene cien años, me dirías que es muy mayor, pero si te dijese que tiene ciento veintiocho... ¡saldría en el telediario!

—Supongo que sí... —respondió Teo, pero no le dejé continuar.

—Solo que Ptolomeo está perfectamente. Se comporta igual que cuando era joven. Sé que las mascotas se mueren, lo acepté hace mucho tiempo, por eso cada día que paso con él es un regalo. Es un ejemplar único en su especie, ¡no lo puedes negar! Y por eso tiene que salir en «Animales imposibles».

Teo sonrió satisfecho. Y un poco pagado de sí mismo.

—Justo a eso me refería. Ahora ya me has convencido.

6

Al fin llegamos al hotel y pudimos salir del coche.

No estábamos en el centro de Madrid porque nos habían reservado habitación en el sitio donde se celebraría la fiesta de *Planeta Tierra*. Sabía que mis padres lo habían pedido así para que Teo y yo pudiésemos asistir a la parte en la que cada uno da su discurso, y luego nos fuésemos a la cama en la parte en la que los mayores se van de fiesta. Y lo cierto es que a mí me venía genial porque así podía subir a la habitación en cualquier momento, coger a mi ajolote y volver a bajar para enseñárselo a Lucía Téllez.

—¿Ya habéis decidido qué queréis hacer mañana? —nos preguntó mi madre mientras íbamos del aparcamiento del hotel a la recepción.

—Lo que prefiera Teo. A mí me apetecen todos los planes —respondí.

Pero Teo tampoco sabía qué escoger.

—¡Al Parque de Atracciones! No, ¡a Faunia! —dijo, mirándome de refilón.

—Di lo que más te apetezca a ti. De verdad que a mí me da igual.

—Vale, pues al Zoo. ¿En el Zoo hay pingüinos?

Yo no tenía ni idea, pero también me gustaba la idea de ver pingüinos.

—Supongo que sí, en el acuario —le contestó mi madre.

—Entonces al Zoo.

Tuvimos que esperar un poco a que nos atendiesen porque había más gente en el mostrador. Mi padre colocó todas las maletas en un carro y mi madre se puso a contestar a los mensajes del móvil que había recibido mientras conducía. Teo se acercó a leer unos folletos de publicidad y yo me quedé junto a mis padres, de pie como un pasmarote, con la chaqueta en una mano, la botella con el agua vieja del acuario en la otra y la mochila con Ptolomeo a la espalda.

Estaba cansado del viaje y de haber madrugado tanto. Recuerdo que en aquel momento estaba pensando dos cosas: que la mochila daba calor y que cómo era posible que en aquel hotel no hubiese papeleras.

Entonces mi madre alargó la mano y me cogió la botella.

—Dame un poco, anda.

Me quedé bloqueado, viéndolo todo a cámara lenta: la botella cada vez más cerca de ella; el movimiento del agua, que en mi mente estaba llena de microorganismos; el giro de su muñeca al abrir el tapón... ¿Pasaría algo si bebía el agua del acuario? ¿Era potable?

En mi interior, una voz me decía: «No va a pasar nada, Marcos, solo es agua», mientras otra gritaba: «¿¡Vas a arriesgar la salud de tu madre para comprobarlo!?».

—¡No bebas! —grité, en plan dramático.

Algo en mi postura o mi expresión le hizo gracia a mi madre.

—Pero ¿qué pasa? —preguntó sonriendo.

—Es que está caliente del viaje.

No coló.

Dejó la botella sobre el mostrador para poder cruzarse de brazos y mirarme con cara de que hablaba en serio.

—No, aquí pasa algo más. Lleváis todo el viaje con secretitos. ¿Qué habéis hecho?

—Nada.

—¿Es algo que llevas en la mochila? ¿Por qué no la has dejado con las maletas? ¿Qué llevas ahí que ocupa tanto?

—Nada. No tiene que ver con la mochila.

—¿No tiene que ver? O sea, que sí que pasa algo.

—¡Ay, mamá, me estás liando!

—Déjame ver la mochila.

Obedecí con un suspiro. Le eché una mirada asesina a Teo para decirle: «¡Pues sí que da suerte tu llavero!».

—Vale, pero no te enfades —le pedí a mi madre.

—Ya veré si me enfado o no me enfado.

Dejé el bote a la vista, sin sacarlo del todo para no quitarle la protección de la bolsa de congelados.

—He traído a Ptolomeo. Perdón, pero es que no podía dejarlo en casa.

Mi madre se tapó los ojos con las manos y negó con la cabeza.

Seguí disculpándome.

—Lo siento de verdad. Por haberos mentido y porque está pasando mucho calor y al final va a ser peor el viaje que haberlo dejado solo.

—Lo que no sé es cómo no lo he adivinado antes —respondió, y fue a contárselo a mi padre.

Evidentemente, no les dije nada de Lucía Téllez ni de «Ptolomeo, el tritón inmortal».

7

Después de dejar las maletas en la habitación del hotel, fuimos a comer a una cafetería cercana.

Teo había conseguido un folleto de Faunia en el que vimos que allí también había pingüinos. Y no solo eso, sino que tenían una actividad en la que los niños podían pasar la noche con ellos. Seguramente Teo y yo éramos demasiado mayores para contar como niños, pero no perdíamos la esperanza.

Al final apenas me habían regañado por llevarme a Ptolomeo, creo que porque les había tocado la fibra sensible. Antes de salir del hotel, llenamos la bañera de agua fría y metimos el bote dentro. No podíamos soltar al ajolote en agua sin tratar, pero así bajaría la temperatura enseguida. Por la tarde, íbamos a ir al centro a merendar y a comprar un acuario. Tenía que pagarlo yo con mis ahorros, pero merecía la pena para que Ptolomeo tuviese más espacio para nadar y un sitio decente en el que hacer el viaje de vuelta.

A decir verdad, la falta de una bronca me había dejado muy sorprendido. Me hacía sentir un poco estúpido por no haber confiado más en mis padres y haber llevado a Ptolomeo a escondidas. Teo me dijo: «¿Ves como sí era un llavero de la suerte?», y yo hice un gesto de disculpa. Tenía que haberme fiado de él.

Por todo eso, y posiblemente también por la Fanta que me acababa de tomar, me sentía mucho más alegre y lleno de energía que cuando llegamos al hotel. No podía parar de hablar y de hacer el tonto.

Con el postre, el camarero nos trajo una caja de ceras para que pudiésemos pintar nuestros manteles infantiles. Teo y yo ya éramos mayores para eso, pero nos pareció gracioso fingir lo contrario.

—No, no, Marcos. Eso es azul, no amarillo —dijo Teo, haciendo de hermano mayor.

—Aaah.

Cogí la cera roja y me puse a pintar el sol.

—¡No, de rojo no! —Teo desistió—. Vale, pues me voy a jugar con mi mantel, que es de mayores.

—Sí, claro.

—Mira, aquí pone: ¿cuál de estos tres ríos no desemboca en el mar Cantábrico? —se inventó—. Y aquí: analiza sintácticamente estas oraciones.

—Vaya, te ha tocado el mantelito de los deberes.

Su mantel de mayores ya no le pareció tan atractivo.

—¿Me lo cambias?

—¡Esta noche he soñado con Alfonso, el de Lengua! —exclamé.

Teo puso cara de sorpresa por el cambio de tema.

—Estás loco.

Pero, en realidad, la culpa era suya. El análisis sintáctico de su mantel me había hecho pensar en nuestro profesor, lo que a su vez me había recordado el sueño.

—Estábamos en el coche, tú y yo, esperando a que volvieran mis padres. Desde la ventanilla vimos a unos chicos que estaban robando otro coche. El problema es que los chicos nos descubrieron y nos empezaron a perseguir porque éramos testigos y tenían que acabar con nosotros.

—¿No decías que salía Alfonso?

—Sí, ya voy. El caso es que salimos del aparcamiento..., no me preguntes quién conducía porque no lo sé, y llegamos a un supermercado. En ese momento ya no estábamos en el coche, claro. Era uno de esos supermercados chinos, pequeño y lleno de cosas. Corrimos por los pasillos y llegamos a la caja, y ¿a que no sabes quién estaba?

—Alfonso, el de Lengua.

—Sí, trabajaba allí de cajero y nos ayudó a escondernos.

—¿Y luego?

—Ya no me acuerdo de nada más. Pero el otro día soñé que intentaban quitarte los órganos para venderlos en el mercado negro. Era horrible. A mí no me pasaba nada porque tenía gripe y como estaba malo no querían mis órganos.

Teo hizo como que se indignaba.

—¡Ah, pues muchas gracias! ¿No intentaste defenderme?

—Claro que sí. Hablé con ellos para ganar tiempo mientras pensábamos en cómo huir.

—¿Y luego no pasó nada más porque te despertaste? —adivinó Teo.

—Exacto.

—¡Vaya pesadillas! —opinó mi madre, que había estado escuchándonos.

—Ya. Creo que es por culpa de los telediarios. No tenéis que dejarme ver el telediario.

Tenía sentido, reconozcámoslo. ¿Dónde hablan de mafiosos, tráfico ilegal de órganos y otras historias siniestras? En las noticias.

Mi padre soltó una carcajada.

—¿El telediario?

—¿No será por todas las películas que ves? —añadió mi madre.

En mi cabeza se encendió la señal de peligro. Aquello se acercaba peligrosamente a la conversación de si veo demasiado la tele.

—Pues si es como en las pelis, no hay problema, porque entonces sé que mis pesadillas acabarán bien.

—Igual el problema es que son películas para mayores —dijo mi madre, dirigiéndose a mi padre.

Teo me rescató con un cambio de tema.

—Bueno, eh... Ya hemos terminado de comer, ¿no? ¿Nos vamos?

No fue muy sutil, pero funcionó gracias a que mi padre se empezó a poner nervioso por el discurso de esa noche. Era más tarde de lo que pensaba y quería volver al hotel para descansar y ensayar.

Teo, mi madre y yo nos fuimos al metro. Creo que los tres nos sentíamos un poco culpables por irnos, pero sabíamos que lo que necesitaba en ese momento era estar solo. La preocupación se le pasaría en cuanto repasase el discurso y se diese cuenta de que lo tenía controlado. O al menos, eso era lo que yo creía entonces.

8

En Madrid, a primera hora de la tarde en el mes de julio, hace tanto calor como dentro de un horno. En el centro solo había turistas atontados como nosotros, y todos avanzábamos de sombra en sombra, en busca de algún lugar con aire acondicionado.

Por suerte, había una tienda de mascotas muy cerca de allí y nos tomamos nuestro tiempo para elegir el acuario.

La tienda se había especializado en anfibios y reptiles raros y, aunque los animales eran fascinantes, el sitio no me gustó nada. Estaba oscuro y demasiado lleno de cosas, como el supermercado chino de mi pesadilla. También me hizo pensar en los elefantes y los tigres que viven en los circos en malas condiciones.

En fin, que me dio un poco de pena.

Cogí a mi madre por el brazo para llamar su atención.

—¿Compramos uno?

Soltó una carcajada que traduje como «no». O tal vez como «mejor finjamos que lo has dicho en broma; ni se te ocurra insistir».

Teo y yo nos pusimos a observar a las serpientes.

—Esto me recuerda al día en que mi padre compró a Ptolomeo.

Obviamente, aquel día no fui a la tienda con él y, aunque hubiese ido, no me acordaría, pero he oído la historia muchas veces.

—¿Cómo fue? —me preguntó Teo.

Me lancé a relatarlo.

—Era un día normal y corriente. Un miércoles. Mi padre estaba muy contento porque habían llegado los primeros ejemplares de *Técnicas* a la librería de la universidad. En su trabajo todo el mundo estaba muy ocupado con otras cosas y lo único que hicieron para celebrarlo fue compartir un pincho de tortilla en el descanso. Mi padre siempre cuenta lo del pincho de tortilla, no creas que me lo estoy inventando.

—Vale —respondió Teo, por decir algo. Creo que le daba igual si me lo estaba inventando o no.

—Quería celebrarlo conmigo, pero yo era demasiado pequeño para enterarme de nada. Se le ocurrió comprarme una mascota, así siempre recordaríamos ese día. En lugar de comprar un gato o un perro, se fue a una tienda de reptiles y anfibios. Mi padre dice que, cuando piensa en Egipto, le vienen a la mente imágenes de cocodrilos y serpientes.

—¿Los egipcios tenían mascotas?

—Sí, muchos tenían gatos o monos.

—¡Monos! —Teo se estaba imaginando cómo sería tener uno, y le encantaba la idea.

—Pero nuestra casa es demasiado pequeña para un mono.

—Ya. La mía también.

—Además, los monos no se venden.

—¿No?

—No sé, creo que no.

—Jo.

Retomé la historia de Ptolomeo.

—Lógicamente, mi padre no iba a comprar una serpiente. Ni un cocodrilo. Pero pensó que quizá un tritón... El dependiente le quitó la idea de la cabeza porque por lo visto son difíciles de cuidar. «¿Un tritón?», le dijo escandalizado. «¿Para un niño pequeño?». Mi padre respondió: «Quiero que sea un animal especial. Y que viva muchos años».

—¡Y por eso le dio un ajolote inmortal! —concluyó Teo.

—¡¡Exacto!!

Además, hay otra casualidad. En México siempre han creído que los ajolotes tenían el secreto de la inmortalidad porque son criaturas que viven en estado larvario. Es decir, que son como renacuajos que nunca llegan a transformarse en rana. Y, si pierden una parte del cuerpo, la regeneran, como hacen las lagartijas con la cola; solo que los ajolotes pueden hasta reconstruir su corazón. Su nombre viene de Xólotl, un dios de la mitología azteca que siempre logra escapar de la muerte.

Los mexicanos se los comían pensando que así vivirían más tiempo. A mí me resulta asqueroso, pero antes la sopa de ajolote era habitual. Ahora ya no, claro, porque están en peligro de extinción. Está prohibido pescarlos y también venderlos como mascotas.

Esto no se lo expliqué a Teo porque ya se lo había contado otro día, y porque mi madre nos dijo que teníamos que escoger el acuario e irnos ya.

Después nos tomamos un helado y dimos un paseo hasta el Teatro Real, el Palacio Real y la catedral de la Almudena. Todo era muy bonito, pero yo iba cargado con un acuario que abultaba bastante y tenía ganas de llegar al hotel, ver a Ptolomeo, poner el aire acondicionado y tirarme en la cama. Por ese orden.

Volvimos al metro y, mientras estaba sentado en el vagón, me di cuenta de que se acercaba el gran momento.

Miré a Teo y supe que estaba pensando lo mismo: «¡Dentro de poco conoceremos a Lucía Téllez!».

9

Mi madre nos dejó en la habitación del hotel que compartíamos Teo y yo, y que comunicaba con la suya por una puerta interior. Teníamos media hora para ducharnos y vestirnos, así que nos dijo muy seria que no perdiéramos ni un minuto.

Al abrir la puerta de su cuarto, la oímos preguntar:

—¿Fernando? ¿Estás bien?

Supongo que mi padre tendría mala cara, pero no lo sé porque desde donde yo estaba no podía verle. Y luego cerró la puerta, como si Teo y yo no tuviésemos oídos, como si no nos importase que mi padre se encontrase mal.

Con mucho cuidado abrí un poco la puerta y pudimos escuchar toda su conversación.

Primero mi padre fingió que estaba bien y tuvieron el típico diálogo parecido a este:

—¿Estás bien?

—Sí, gracias.

—Tienes cara de preocupado.

—Estoy bien.

—¿Qué te pasa?

—Nada, de verdad.

Etcétera.

Al fin, mi padre reconoció que no sabía si le había dado el enfoque correcto a su discurso, que habría preferido que le diesen un tema en lugar de dejarle hablar sobre cualquier cosa y que no podía comprobar si la cita de Jean-Claude Goyon estaba bien porque en internet no venía y ya no tenía tiempo de ir a la biblioteca.

Por lo visto eso es lo que él entiende por «nada».

—Pero lo consultaste al preparar el discurso en casa —oímos decir a mi madre.

—Evidentemente.

—Entonces seguro que está bien.

—Me van a grabar —respondió mi padre, que cada vez hablaba más alto—. No puedo cagarla citando a Goyon porque va a quedar grabado. Para siempre.

—Fernando, mírame. Todo va a salir bien. La cita de Goyon está perfecta y estoy segura de que en casa la comprobaste varias veces.

Mi padre tardó un rato en responder.

—Tengo que cambiar el discurso.

—Que nooo.

—Pero ¿cómo voy a hablar de Egipto? ¡Yo! ¡Que no soy arqueólogo!

Hasta ese viaje, jamás se me habría ocurrido pensar que mi padre tuviese inseguridades, y menos respecto a su trabajo. Siempre me había imaginado a los historiadores trabajando juntos en una gran biblioteca, leyendo notas a pie de página con una pequeña lupa y comentando entusiasmados sus descubrimientos. Pensaba que todos se llevaban bien.

—Vas a hablar de tu libro y de la construcción de las pirámides, que es de lo que sabes. Si creyesen que no vales, no te habrían llamado.

Pero él apenas la escuchaba.

—Van a empezar a hablar de intrusismo laboral, y de la arrogancia de los arquitectos, y seguro que me pillan alguna imprecisión, y...

—Estoy segura de que no hay ninguna imprecisión.

—Pues entonces me habré pasado con el rigor y con ser meticuloso, y el discurso no le interesará a nadie.

—¡Pues que se aguanten! Si no les interesa, que finjan que sí, que ya son mayorcitos.

No sé por qué, esto le hizo muchísima gracia a mi padre. No pude oír su respuesta porque estaba llorando de la risa y no se le entendía nada.

—Anda, dúchate, que vamos a llegar tarde —le dijo mi madre.

Teo y yo nos alejamos de la puerta.

—¿Y si decimos que nos hemos duchado ya? —me propuso.

—No va a colar.

Me miró sonriente y me dijo sin hablar: «Vale, pero sin jabón». A lo que yo respondí, como mi padre un minuto atrás: «Evidentemente».

Sacamos a Ptolomeo de la bañera y lo dejamos encima del escritorio, que quedaba cerca de la salida del aire acondicionado.

Justo cuando Teo cerró la puerta del baño, mi madre entró en la habitación.

—¿Todavía no te has duchado?

—Está Teo.

—¿Qué hace Ptolomeo en el bote? ¿Por qué no lo has pasado al acuario?

—Lo paso luego, por la noche. Hoy ha vivido muchos cambios y no quiero que se estrese más.

Era mentira, claro. Lo había dejado en el bote porque se lo tenía que bajar a Lucía Téllez. Y lo tendría que llevar discretamente, no en un acuario que, cuando está lleno, necesita que lo muevan entre dos.

La mirada de rayos láser de mi madre escaneó la habitación, pero no encontró nada más sospechoso y se marchó.

Me tiré en la cama, apagué la luz y me quedé quieto como un ajolote, disfrutando durante unos minutos de la paz de mi acuario de aire.

10

La fiesta de *Planeta Tierra* era en la planta baja del hotel. Lo primero que teníamos que hacer era averiguar quién era Lucía Téllez; yo había leído muchos artículos suyos, pero su foto no aparecía por ninguna parte.

La cena se servía en una especie de patio cubierto: tenía plantas y suelo de piedra, pero a la vez estaba cerrado y había aire acondicionado. Todo el mundo iba muy elegante y estaba muy contento de conocerte, o de verte otra vez, o no sabía que vendrías y vaya sorpresa. Habría sido un aburrimiento total de no ser por Teo y por todo el lío de Ptolomeo.

Mi padre era uno de los claros protagonistas de la fiesta. Los demás invitados se acercaban a saludarlo, como si fuese su cumpleaños.

Una de las primeras fue Julia, que era amiga suya de toda la vida. Cuando yo era pequeño, a veces venía a cenar a casa, pero desde que daba clases en una universidad de Madrid la veíamos mucho menos.

—Estás igual que siempre —le dijo a mi padre, después de darle un abrazo—. Ya se te subirá la fama a la cabeza cuando te llamen de Harvard para dar clases.

Él se rio.

—Cómo son los de Harvard. ¡No paran de llamar! —bromeó.

Mi madre le presentó a Teo, y luego me saludó a mí.

—Marcos, no voy a decir nada de lo alto que estás porque no quiero ser la típica señorona. No estoy impresionada en absoluto.

A Julia se le daría genial jugar a *al verres*.

—Tú no serías la típica señorona ni aunque lo intentases.

Me dio las gracias llevándose una mano al corazón, para indicar que el comentario le había llegado al alma.

No pude hablar mucho más con Julia porque la gente empezó a acercarse a ella como avispas a la comida. Todo el mundo la conocía y querían que les presentase a mi padre.

Teo y yo nos concentramos en probar los canapés que iban pasando los camareros. La mayoría eran purés de distintos colores colocados en una cucharilla o sobre tostaditas, minicroquetas ensartadas en un palillo extralargo... Los camareros nos decían lo que era (¡calamares en su tinta!, ¡setas con huevo!, ¡pollo al alioli!) y nosotros, claro, teníamos que comprobar si de verdad tenían ese sabor.

La mayoría estaban ricos, pero me llevé una desagradable sorpresa con el de gambas y tuve que alejarme para tirar mi servilleta con restos de pastel. Al volver, me encontré a Teo hablando con una señora.

—¿Cómo te sientes al saber que tu padre ha resuelto el misterio de las pirámides?

—¡Uy, que no le oiga él decir eso! El misterio se ha resuelto con la ayuda de muchas personas a lo largo de décadas. Lo único que ha hecho él ha sido dar el último paso.

Era evidente que la señora había confundido a Teo conmigo, pero como él se estaba defendiendo muy bien, no la saqué de su error.

—Suena a que se lo has oído decir muchas veces.

—Ni se lo imagina. En todas las entrevistas le hacen las mismas preguntas.

Era cierto. Y eso que Teo no había leído más que tres o cuatro.

—¡Pues que no se queje y que disfrute de sus cinco minutos de fama!

Lo dijo de buen humor, pero a mí no me hizo gracia.

—Hola, yo soy Teo, amigo de Marcos —me presenté. El verdadero Teo soltó una risita—. ¿Por casualidad sabe quién es Lucía Téllez? Me gusta mucho «Animales imposibles» y querría hablar con ella.

Si teníamos que aguantar a esa señora, por lo menos que sirviera para algo.

—Pues sí, sí que sé quién es. A ver, déjame que mire... Por aquí no la veo... Creo que es la del vestido... no, esa no es, me he equivocado. A ver, a ver... —Al fin, después de una eternidad, la localizó—. ¡Esa!

Señaló a una mujer de la edad de mi madre, menuda y sonriente. Se le habían escapado algunos rizos del moño y llevaba la chaqueta caída de un hombro.

No podía parar de mirarla. Quería ir a hablar con ella, pero el grito de la periodista había llamado la atención de mi padre, que se acercó a nosotros. La periodista aprovechó la ocasión para bombardearle a preguntas.

—¿Y has pensado en hacer lo mismo con otros periodos históricos, no solo con Egipto? —le preguntó.

—Bueno, en realidad Egipto no es un periodo histórico… Pero, claro, eso da igual. Lo que quiero decir es que sí. Vamos, que es lo que llevo haciendo toda mi carrera: estudiar la construcción en la Edad Antigua. No solo en Egipto.

Miré a mi alrededor, pero no encontré a mi madre. Probablemente estaría en el baño.

—¿Significa eso que vas a descubrir también el misterio de Stonehenge? —preguntó la periodista, que hablaba como si leyese un guion preparado de antemano.

—Stonehenge se considera prehistórico —respondió mi padre, educadamente—.

Mis estudios se centran en épocas de las que hay más información. Lo que hago, precisamente, es reunir esa información para saber cuáles son con exactitud los avances técnicos de la época, y luego intento pensar como si fuese un inventor de ese momento histórico. Me rodeo de los materiales que...

—Es decir, que Stonehenge sigue siendo un misterio indescifrable para los historiadores.

Aquello dejó a mi padre descolocado.

—No, no. O bueno, puede que sí. Lo que quiero decir es que yo no soy la persona más adecuada para...

—¿Y qué te hizo interesarte por las pirámides en primer lugar? ¿De niño querías ser arqueólogo o algo así?

Estupendo; esa conversación iba para largo. Era el momento perfecto para ir a por Ptolomeo.

Me dirigí hacia la salida con naturalidad, como si estuviese yendo a por una servilleta o un refresco. Teo se puso a mi lado de un par de zancadas y los dos nos colocamos frente al ascensor como dos agentes secretos que tienen la situación bajo control. No se nos veía nerviosos. Como mucho, estábamos más callados que de costumbre.

La cosa cambió cuando salimos del ascensor.

11

Corrimos por el pasillo hacia nuestra habitación. Pasé la tarjeta por la cerradura, pero no funcionaba; luz roja. Lo intenté otra vez. Luz roja. Teo me la quitó de las manos.

—Es porque tienes que empezar por la izquierda —sentenció, aunque se lo acababa de inventar. Metió la tarjeta de un modo muy complicado, la dejó un rato y la volvió a sacar. Luz roja—. No, no, no.

La volví a coger yo.

—A ver, calma. Con decisión.

Me alejé de la puerta, hice como que me acercaba tan tranquilo, pasé la tarjeta con desgana y... ¡funcionó!

Teo tenía tanta prisa que entró en la habitación a oscuras y se tropezó con la colcha. Encendí la luz.

—Me he tropezado, pero no me he caído. —Me señaló con el índice—. Eso significa buena suerte.

Yo iba a lo mío.

—Lucía, te presento a Ptolomeo, el tritón inmortal —recité—. Los ajolotes pueden vivir hasta siete años. ¿Y sabes cuántos tiene Ptolomeo? Nueve. He traído una foto de... ¡la foto!

La saqué de la mochila y me la metí en el bolsillo, pero luego pensé que era mejor que la llevase Teo para que no se arrugara. También comprobé que tenía el llavero de la suerte.

Me acerqué a la mesa y cogí el bote de Ptolomeo con solemnidad. Él seguía allí, flotando, ajeno a todo. Cuando fuese famoso, pedíria que le hiciesen las fotos sin *flash* para no molestarlo.

—Allá vamos —dije, y luego volví a murmurar el discurso entre dientes porque tenía miedo de quedarme en blanco.

Regresamos a la fiesta y nos acercamos a Lucía, pero seguía hablando con un grupo de gente y no se dio cuenta de que estábamos allí.

De pronto, todas las inseguridades posibles me cayeron encima, como si alguien las hubiese metido en un cubo de playa y me las hubiese echado por la cabeza. Primero sentí un nudo en la garganta; luego noté presión en el pecho y que se me aceleraba el corazón, y después los nervios me llegaron a la tripa.

Me sentí muy tonto. Solo era un niño con un tritón en un bote. ¿Qué hacía allí? ¿En qué momento me había creído tan importante como para pensar que podría salir en

Planeta Tierra? ¿Qué necesidad había de llevar a Ptolomeo? Seguro que habría bastado con mandarle un *e-mail*. Podría haberle escrito para que estuviese al tanto de la historia antes de conocernos en persona. ¿Cómo era posible que aquello no se me hubiese ocurrido antes?

Sabía que tenía respuestas para esas preguntas, al menos para algunas, pero no conseguía encontrarlas.

Lo bueno es que todo aquello me pasó por la cabeza en cuestión de segundos. No creo que nadie se diese cuenta. Y que las dudas me entraron en un momento en que ya no podía acobardarme y dar marcha atrás.

Un señor del grupo de Lucía nos vio y nos preguntó si queríamos algo. En ese instante, Lucía se giró y me miró.

Iba a empezar a hablarle de Ptolomeo, pero me desconcentré un poco. La situación en la vida real no era igual a como me lo había imaginado.

—Hola, Lucía. Me encanta «Animales imposibles», lo leo siempre. Eres Lucía Téllez, ¿verdad? —pregunté, por si acaso.

Ella me dijo que sí con una sonrisa.

—¡No sabía que *Planeta Tierra* tuviese lectores tan jóvenes!

Miró el bote de Ptolomeo durante un segundo, pero no me preguntó nada al respecto.

—Es que mi padre está suscrito, así que nos llegan todos los números a casa. La leo casi entera. Bueno, no siempre. Pero «Animales imposibles» no me lo pierdo. Mi padre es Fernando Sáez Souto.

—¡No me digas! ¡Tengo muchas ganas de conocerlo!

No supe qué responder a eso, pero no importó porque ella enseguida me preguntó:

—¿Y tú cómo te llamas?

Lo vi claro. Ese era el momento.

—Yo soy Marcos, mi amigo se llama Teo, y te quiero presentar a Ptolomeo, el tritón inmortal —dije, alzando el bote para que lo viese mejor—. Bueno, en realidad no es un tritón sino un ajolote. Los ajolotes pueden vivir hasta siete años. ¿Sabes cuántos tiene Ptolomeo? Más de nueve. Mira, he traído una foto de cuando era pequeño para que veas que es verdad. —Teo se la mostró—. Este soy yo con tres años, y este es Ptolomeo, que ya tenía uno.

Lucía cogió el bote con cuidado para mirarlo bien.

—Qué chulo. Justo el otro día estaba leyendo un reportaje sobre los ajolotes, pero claro, no es lo mismo que ver un ejemplar. ¿Este frasco no es muy pequeño para él?

—Sí, pero en la habitación tiene un acuario más grande. —Retomé el discurso—. El caso es que, como ves, es un ejemplar único. Es como un abuelo de ciento veintiocho años. No quiero que le hagan estudios para ver por qué ha vivido tanto ni que pase el resto

de su vida en un laboratorio, pero me haría mucha ilusión que le dedicases un reportaje.

No me podía creer que aquello estuviese pasando. ¡Estaba frente a Lucía Téllez con Ptolomeo! Y, no es por nada, pero la presentación no me había salido nada mal. Metí la mano en el bolsillo y agarré el llavero de Teo.

Lucía dejó de prestar atención a Ptolomeo y me volvió a mirar a mí.

—A ver, un momento. ¿Has dicho que tiene nueve años?

—No sabemos cuánto tiempo tenía cuando lo compramos, pero sí, algo así.

—¡Pero los ajolotes pueden vivir mucho más! Ptolomeo es un ejemplar precioso, y me alegro de que me lo hayas traído, ¡pero muchos ajolotes llegan a vivir quince años!

12

¡Quince años! Menuda tontería. ¿Cómo iba a vivir quince años un ajolote?

Ante mi cara de perplejidad, Lucía dijo:

—Bueno, no sé, a lo mejor me equivoco. Espera, que lo comprobamos. —Sacó el móvil del bolso y se concentró en la búsqueda.

Yo estaba tranquilo. Los ajolotes no son animales muy corrientes; me había sorprendido que Lucía los conociera, pero era imposible que supiese cuál era la esperanza de vida de su especie. Seguro que tenía la cabeza llena de datos sobre todo tipo de animales, y era normal que se confundiese con esas cosas.

Teo nos miraba a Ptolomeo y a mí alternativamente, con cara de sorpresa y de preocupación porque él sí se había creído lo de los quince años. Pero pronto Lucía leería que en realidad eran siete y todos nos reiríamos de aquel momento de confusión.

Sin embargo, lo que me dijo Lucía fue:

—Mira, ¿ves? En este reportaje dice que es un animal que se estudia desde hace poco, y que antes no había mucha información sobre ellos. Pero ahora, como están en peligro de extinción, los están controlando más, y ya tienen constancia de varios ejemplares que han llegado a vivir quince años.

Teo cogió el móvil, porque yo estaba sosteniendo a Ptolomeo, y en ese preciso instante, cuando íbamos a leer el párrafo crucial del reportaje, llegaron mis padres.

Lucía se presentó y le dio la enhorabuena a mi padre por el último artículo que había publicado en *Planeta Tierra*, que no tenía que ver con las pirámides, sino con la construcción de bóvedas sin cimbra.

Yo no podía dejar de mirar el móvil y de releer «quince años» con incredulidad.

Quince años. Quince años. Quince años.

—Marcos me estaba enseñando a Ptolomeo —explicó Lucía. Como mis padres ponían cara de no entender nada, aclaró—: Para «Animales imposibles».

Mis padres, que son muy listos, lo comprendieron todo enseguida. Sabían que yo leía «Animales imposibles» y sabían que Ptolomeo había vivido mucho más de la cuenta: no era muy difícil adivinar la relación entre esas dos cosas.

—¡Por eso lo has traído! —exclamó mi madre.

—Es genial que Marcos esté tan involucrado con su ajolote —siguió Lucía—. Muchos chicos solo hacen caso a sus mascotas la primera semana. Pero me parece que no sabíais que los ajolotes pueden llegar a vivir quince años. Como no son animales muy conocidos, no es fácil averiguarlo, y supongo que hace nueve años, cuando lo comprasteis, aún menos. Lo siento mucho, no quería quitarle a Marcos la ilusión. De todas formas, habría sido difícil incluirlo en la sección solo por su longevidad; los lectores buscan habilidades más espectaculares, y tenemos varios candidatos, y... Lo estoy empeorando, ¿verdad? Vale, me callo.

Le respondió Teo, supongo que porque los demás seguíamos concentrados en asimilar la información:

—No te preocupes, no es culpa tuya.

Mi madre miró a mi padre, que se había llevado las manos a la cabeza.

—¿Por qué pensábamos que eran siete años? ¿Te lo dijeron en la tienda?

—Supongo que sí. Y no lo comprobé.

Lo dijo como si hubiese cometido un error gravísimo, imperdonable. «Y no lo comprobé» sonó con fuerza, salió de su boca subrayado y en negrita.

«Y no lo comprobé» retumbó en mi cabeza.

Y a continuación «rigor», «rigor», «rigor», «rigor». Decenas de ocasiones en las que mi padre me había hablado de lo importante que es comprobar las cosas, usar fuentes fiables, citarlas y demás.

Mi padre bajó los brazos, pero luego recordó algo, se los volvió a llevar a la cabeza y me miró.

—Lo siento.

Se estaba acordando del día en que me explicó que los ajolotes solo viven siete años (sé que estaba pensando en esto porque luego me lo contó). Él lo pasó muy mal y seguramente yo también, aunque no lo recuerdo.

Ptolomeo tenía casi seis años y, según él, le llevó semanas reunir el valor para sacar el tema.

Yo no entendía a qué venían esas caras largas. Miré a Ptolomeo y poco a poco dejé de verlo como un ajolote anciano y empecé a verlo como uno con media vida por delante. Lógicamente, él no estaba cambiando, pero la imagen que yo tenía de él, sí, y me pareció que tenía la piel más brillante y el cuerpo más ágil.

Pero sobre todo sentí una alegría burbujeante, que empezó en mi estómago y se me extendió por todo el cuerpo. Y también sentí un gran alivio. Me quedaban años con Ptolomeo. Años. Eso era algo con lo que ni me había atrevido a soñar. Ni siquiera cuando pensaba que mi ajolote era milagroso y decía que era inmortal. En los momentos más optimistas pensaba que aún podríamos pasar un año juntos, y jamás lo habría reconocido en voz alta porque me parecía un sueño loco.

Fue en ese instante cuando me di cuenta de lo angustiado que había llegado a estar y de todos los esfuerzos que había hecho por pensar en otra cosa, por ser optimista. Si alguien escribiese un periódico de mi familia, cuando Ptolomeo cumplió siete años el titular habría sido: «Se acerca el final de Ptolomeo». Eso era lo que todos pensábamos, aunque no lo dijésemos. Yo había conseguido borrar ese titular de mi mente y cambiarlo por «Ptolomeo, el tritón inmortal», pero en el fondo sabía la verdad.

O, mejor dicho, creía que sabía la verdad. ¡En realidad, no tenía ni idea! Todo, absolutamente todo (la vejez de Ptolomeo, sus supuestos achaques y su falsa inmortalidad), había ocurrido solo en nuestra mente.

13

Estaba tan emocionado que se me escapó una lagrimita. Mi padre lo malinterpretó.

—Lo siento mucho, Marcos. ¡Pero Ptolomeo sigue siendo un tritón muy especial! Nunca se sabe, a lo mejor cumple quince años, y luego dieciséis y diecisiete, y resulta que es muy longevo de verdad.

Al mirar a los demás me di cuenta de que Lucía se había marchado. Supuse que había querido dejarnos intimidad al ver que la noticia era tan importante para nosotros.

Con disimulo, me sequé la mejilla, lo cual fue una idea malísima porque es imposible limpiarse una lágrima discretamente. Si alguien no se había dado cuenta, seguro que vio cómo me llevaba la mano a la mejilla, así que fue como gritar «sí, estoy llorando, qué pasa».

—Por favor, no estés triste. Me siento fatal —dijo mi padre compungido.

Y mi madre igual:

—No estés triste. ¡Has conocido a Lucía Téllez! Aunque no haya salido como esperabas, seguro que te ha hecho ilusión.

No entendían nada.

—¡Pero ¿cómo voy a estar triste cuando me acaban de decir que Ptolomeo va a vivir muchos años más?! Hace dos años pensaba que era un ajolote normal, ni inmortal ni nada, y también lo quería mucho, ¿no? ¡Pues ahora es lo mismo! Estamos hablando de Ptolomeo, ¡ya sé que es especial! ¡No hay más que verlo!

Enseguida se dieron cuenta de que me lo había tomado bien, que no estaba fingiendo.

Creo que lo que los convenció, más que mis palabras, fue mi tono de voz. Se veía a la legua que, no solo no estaba triste, ¡es que estaba loco de contento!

A mi madre se le contagió el entusiasmo.

—Quince años. ¡Quince años! Eso es un montón, ¿eh? —Me pasó un brazo por los hombros para darme un abrazo. Luego dijo en dirección al bote—: Ptolomeo, ¡te daría un achuchón si no fueses tan resbaladizo!

Teo no daba crédito.

—¡Con la cantidad de documentales que ves! ¿Es que no había ninguno de ajolotes?

Hice memoria.

—¡Pues sí! Pero no dicen nada de cuántos años viven.

—¿Ni en *Planeta Tierra* ni en ningún sitio?

—Teo, créeme, si lo hubiese leído en algún sitio, ¡me habría dado cuenta!

—¿Es que nunca se te ha ocurrido comprobarlo?

—¡Pero si lo he sabido de toda la vida! Es como... Es como comprobar que mi nombre de verdad es Marcos. O que nací el 3 de junio. —Miré a mis padres—. ¿Eso se puede comprobar? Me gustaría mirarlo. Por si acaso.

Mi madre se rio.

—Te enseñaré tu certificado de nacimiento cuando volvamos a casa. ¡Al final te vas a volver tan meticuloso como tu padre!

—Hablando de eso... Papá, ¿qué pasa con el rigor? —le dije con una sonrisa de enorme satisfacción. Después de años escuchando la misma cantinela, daba gusto poder devolvérsela.

—¿Ves? Esto te sirve para comprobar lo importante que es el rigor. Estaba todo pensado.

No iba a dejar que se escapase tan fácilmente.

—Sí, claro. Vaya error, papá, qué vergüenza. Tendrás que pensar alguna forma de compensarme, ¿no?

—Ya. Y dices que has traído a Ptolomeo a escondidas... a escondidas y arriesgando su salud, debería añadir, y que además nos has mentido cuando hemos descubierto que lo tenías en la mochila. Vamos, que tu manera de portarte bien en una fiesta de mi trabajo es traer tu mascota en un bote con agua, pasearla por aquí y enseñársela a una de mis colegas.

—De acuerdo, estamos en paz —añadí a toda prisa.

Entre unas cosas y otras habíamos llamado la atención de otros invitados a la fiesta, que nos miraban discretamente. Cerca de nosotros, un señor en traje no paraba de mirar el bote de Ptolomeo, intentando averiguar qué había dentro.

Extendí los brazos para que pudiera verlo mejor.

—¡Es un ajolote y se llama Ptolomeo!

—De pequeño tenía una salamanquesa —me respondió.

—¡Hala, qué guay!

—¡Marcos, deja de agitarlo! —Teo me miraba espantado. Con la emoción, había movido el bote de Ptolomeo de un modo un poco brusco.

Me sentía eufórico. Tenía ganas de saltar, correr y gritar.

—¡Tranquilo! Que no es un ajolote anciano, ¡es un tipo duro! Ha acumulado muchas experiencias en su corta vida. Ha conocido la inmortalidad y la ha rechazado. ¡Un poco de movimiento no le va a hacer nada!

Mis padres me miraron con escepticismo.

—Vale, me lo llevo a la habitación y lo cambio de acuario. Enseguida vuelvo.

Por el camino, Teo y yo no podíamos dejar de hablar de lo que había ocurrido, como si uno de los dos no hubiese estado y se lo tuviese que contar a otro. Hablamos sin parar mientras subíamos en el ascensor, mientras poníamos a Ptolomeo en el acuario nuevo y mientras volvíamos a la fiesta, pero al llegar nos callamos de golpe. Los discursos habían empezado.

14

 Teo y yo escuchamos atentamente, esperando el momento en que anunciasen a mi padre.

Primero habló el director de *Planeta Tierra* para darnos las gracias por asistir. Luego fue el turno de una señora que también trabajaba en la revista y que nos contó los premios que habían recibido en los últimos meses y sus proyectos para el año siguiente. Y después subió Julia.

Se movía despacio, sin dejarse impresionar por el público. Colocó el papel con su discurso en el atril, miró al público y suspiró. Volvió la vista al papel, negó con la cabeza y lo tiró hacia atrás, por encima de su hombro. Luego se acercó mucho al micrófono, como para hacer una confidencia.

—Esto de tirar mi discurso con desprecio estaba preparado, no os preocupéis. —La gente se rio y ella se recolocó tras el atril—. Y no creáis que es un truco pensado solo para captar vuestra atención. En realidad, es una metáfora; una forma de deciros que, aunque hoy tenía que presentar a Fernando Sáez Souto, no lo voy a hacer.

Se quedó callada unos instantes, que la gente aprovechó para intercambiar miradas de sorpresa.

—Y no lo voy a hacer porque, Fernando, francamente, no tengo nada que decirte que no te haya dicho ya —continuó, dirigiéndose hacia mi padre, que estaba de pie junto a las escaleras del escenario—. Pero tengo una sorpresa para ti. Hace un par de meses encontré un texto que había escrito uno de mis alumnos acerca de tu trabajo. Él no te conoce, pero ha leído todos tus libros y artículos... incluso ese tostón sobre los acueductos, ya sabes a cuál me refiero. —De nuevo esperó a que el público dejara de reírse—. No digo más; creo que a todos os va a gustar oír su punto de vista.

Se marchó entre aplausos, pero después de un par de pasos volvió apresuradamente y cogió el micrófono.

—¡Perdón, se me ha olvidado decir su nombre! ¡Un fuerte aplauso para Rafael Sánchez!

La actitud del alumno contrastaba con la de la profesora. Todos vimos cómo le temblaba el pulso al desdoblar su papel, y al principio apenas se atrevía a mirar al público.

Se aclaró la garganta.

—¿Qué haces cuando las cosas no te salen como esperabas? Lo vuelves a intentar. ¿Qué haces cuando descubres que tienes que tirar a la basura el trabajo de un mes? Sigues trabajando, porque aunque tus investigaciones no sirvan, has aprendido mucho en el proceso. Eso es lo que nos enseña el ejemplo de Fernando Sáez Souto. Para mí era un completo desconocido hasta hace unos meses, y quizá por eso su historia me ha impresionado tanto.

Aquel estudiante habló de los principales trabajos de mi padre desde la publicación de *Técnicas*, y yo los fui recordando poco a poco. No los he leído, pero mi padre dice que a mi madre y a mí no nos hace falta porque ya nos lo ha contado prácticamente todo. Cuando descubre algo que le entusiasma, no puede dejar de hablar de ello.

Mientras Rafael hablaba, observé a mi padre. En sus ojos brillaba la emoción, y no necesitaba un espejo para ver que en los míos brillaba el orgullo. Me sentí muy afortunado. De tener un padre como el mío, y de haber hecho ese viaje que me estaba abriendo los ojos en tantos sentidos.

Rafael ya estaba llegando al final de su discurso.

—En una entrevista dijo que la calidad del trabajo de los historiadores no debería medirse tanto por los avances que suponen sus teorías como por la seriedad con la que se ha realizado el trabajo. En este caso, ha sido todo un profesional, una persona que ha hecho un trabajo impecable, el que ha conseguido el éxito tanto entre los historiadores como para el público en general. Y creo que todos deberíamos alegrarnos de ello.

»A partir de ahora, cuando haga un trabajo del que me sienta orgulloso y que, sin embargo, pase desapercibido, tendré como ejemplo a Fernando Sáez Souto y su libro, que pasó nueve años olvidado y ahora se estudiará en las universidades.

Rafael bajó del estrado y mi padre ocupó
su lugar. Ya no estaba preocupado ni nervioso: sonreía con cierta perplejidad, como si no se pudiese creer que esas palabras realmente fuesen sobre él. Su cara era tan expresiva que, cuando se colocó frente al atril, hubo gente entre el público que se rio.

—Estos jóvenes de hoy día... qué opiniones tan acertadas tienen, ¿verdad? —Más risas—. No te vayas muy lejos, que luego querré hablar contigo para darte las gracias y para intentar explicarte lo mucho que significan para mí tus palabras —dijo, dirigiéndose solo a Rafael durante un momento—.

Hoy no voy a hablar de las pirámides ni de andamios de madera ni de si los esclavos egipcios eran o no esclavos. Todo lo que puedo decir al respecto está ya publicado en mis libros y, en versión más reducida, en artículos y entrevistas, y no quiero aburriros otra vez con lo mismo.

»Pensaba dedicar mi discurso a narrar mi experiencia personal, pero Rafael me ha pisado el tema. Es broma —aclaró, a pesar de que el público lo había entendido y se lo tomaba con humor—. Lo que pasa es que hoy es el día de desobedecer, de ser rebelde. Julia ha decidido no presentarme, yo no hablaré de las pirámides y mi hijo ha hecho prácticamente todo lo que le prohibimos hacer. Así que voy a hablar de eso: de Marcos y su tritón inmortal. Y de regalos inesperados.

Di un respingo cuando oí «mi hijo», pero cuando dijo «Marcos y su tritón inmortal» ya sí que aluciné del todo. ¿Iba a hablar de mí? ¿En su discurso de *Planeta Tierra*?

Teo me miraba, expectante, convencido de que podía darle alguna explicación. Pero yo estaba tan desconcertado como él.

—Hace nueve años... Hace nueve años pasaron dos cosas: publiqué *Técnicas* y, el
mismo día, le compré un ajolote a mi hijo de dos años. A Marcos le encantó y decidimos llamarlo Ptolomeo. Yo pensaba que, con el paso de los años, Marcos iría olvidándose de Ptolomeo y lo acabaríamos cuidando mi mujer y yo, pero ocurrió todo lo contrario. Y no porque Marcos sea el niño más responsable del mundo, sino porque Ptolomeo le importa. Creo que encuentra en él toda la tranquilidad y la paciencia que falta en nuestra sociedad actual.

Mi padre siguió hablando de Ptolomeo, de la época anterior a los siete años y de cómo luego empezamos a darnos cuenta de su extraordinaria longevidad. Lo contó tal y como lo habíamos vivido nosotros, sin revelar lo que Lucía nos había descubierto.

Yo pensé que la historia no le iba a interesar a nadie, pero todos estaban muy aten-

tos a sus palabras, y él explicó cómo son los ajolotes, que están en peligro de extinción, que se decía que desafiaban a la muerte porque podían regenerar cualquier parte de su cuerpo…

Aunque había dicho que no hablaría ni de las pirámides ni de su experiencia personal, creo que acabó rescatando una parte de su discurso, porque entrelazó la historia de Ptolomeo con la de su carrera.

El relato se fue acercando al momento presente.

—Cuando me llamaron para decirme que habían aparecido dibujos de mecanismos como los que propuse en *Técnicas*, pensé que nunca más volvería a sorprenderme. Aquello era tan improbable, tan surrealista, que creí que me había vuelto inmune a las sorpresas. Hasta hoy.

»¿Recordáis cuando dije que los ajolotes pueden vivir como mucho siete años? Pues no era cierto. Acabamos de descubrir que en realidad son quince.

A eso era a lo que se refería mi padre con los regalos inesperados. Igual que a veces ocurren desgracias, también a veces pasan cosas tan buenas que parecen imposibles. Y, ni debemos dejar que las desgracias protagonicen nuestras vidas, ni podemos vivir sin hacer nada más que esperar a que ocurra algo bueno. Eso fue lo que dijo, y lo sé palabra por palabra porque he visto muchas veces el vídeo que grabaron aquel día.

Terminó así:

—La alegría, la euforia, la dan esos regalos inesperados. Pero la felicidad la da el día a día y es para las personas que ven en su ajolote anciano a un tritón inmortal.

15

El público aplaudió y mi madre vino a darme un abrazo, pero yo seguía en *shock*. O mucho me equivocaba, o mi padre acababa de decir que soy un ejemplo.

Mucha gente nos miraba, sobre todo cuando nos reunimos los cuatro. Y fue muy curioso, porque su forma de mirarnos había cambiado por completo. Antes del discurso era como si mi padre fuese extraterrestre: lo observaban sin disimulo e incluso hablaban de él sin importarles que pudiese oírlos. Pero después todo el mundo nos miraba con cariño, como si nos conociesen de toda la vida.

Los discursos continuaron, así que pronto dejamos de ser el centro de atención. Y menos mal, porque ya empezaban a ponerme un poco nervioso.

—Gracias —le dije a mi padre. Quería decir mucho más, pero no encontraba las

palabras.

Él me respondió también:

—Gracias.

—¿Y la cita de Goyon? —preguntó mi madre muy sonriente.

—Al final no me ha hecho falta.

Y eso fue todo, porque tuvimos que callarnos para no molestar.

Cuando terminaron los discursos, Julia se acercó con Rafael Sánchez. También vino Lucía Téllez, acompañada por el señor que de pequeño tenía una salamanquesa.

—Marcos, te presento a Juan. Tu historia le ha gustado mucho y quiere conocerte.

Juan parecía un vikingo disfrazado de hombre de negocios. Era alto y corpulento, tenía una barba muy poblada y seguro que cuando se enfadaba daba miedo. No parecía el tipo de persona que viste traje, aunque para esa fiesta hubiese hecho una excepción.

—¿Dónde te has dejado a Ptolomeo? —me preguntó.

—En la habitación, en su acuario.

Lucía le presentó también a Teo y a mis padres.

—¿Tú también eres historiador? —quise saber.

—No, soy periodista.

—¿Y tenías una salamanquesa?

—En realidad, no era mía. Vivía en casa de mis padres, que tienen jardín, y venía a tomar el sol al porche. Pero como la veía todos los días, la consideraba mi mascota.

—Marcos, tienes que contarle lo mismo que me has contado a mí antes —intervino Lucía—. Lo de que Ptolomeo es inmortal y es como un abuelo de ciento veinte años.

Me daba bastante vergüenza repetirlo, sobre todo ahora que sabía que no era cierto.

—Pero si ya lo ha contado mi padre...

—Pero no lo ha contado como tú.

—No sé...

Julia también quería oírlo.

—Al menos cuéntamelo a mí. ¡Te conozco de toda la vida y no sabía nada de esto!

Por suerte, Teo siempre sabía cómo hacerme hablar.

—Lo que te están diciendo es que no es para tanto vivir un par de años más. Y además los ajolotes son unos bichos muy feos.

Sabía perfectamente lo que intentaba hacer, no soy tan tonto como para no darme cuenta. Pero no podía dejar que dijese que son feos y no responder. Las ganas de contestar me quitaron la vergüenza.

—No son feos, son muy guais. Tienen melena como de león y siempre parece que estén sonriendo. ¿Y no has oído lo de que pueden regenerar su corazón? Si les cortas un trocito de corazón, les vuelve a crecer y no les pasa nada de nada. A ver cuántos animales pueden hacer eso.

—¿Y creías que tu ajolote era inmortal? —me preguntó Rafael Sánchez.

—Claro que no, eso solo lo dije para llamar la atención de Lucía. Creía que era muy longevo. Tampoco es tan raro, podía haber sido cierto.

—Todas las mañanas, nada más levantarse, comprueba que Ptolomeo esté bien. Y luego viene a la cocina muy contento —contó mi padre.

Así dicho suena muy dramático, pero no es para tanto. Todo el mundo va a ver a su mascota cuando se levanta, ¿no? Y pienso seguir haciéndolo.

—¿Sabéis lo que deberíamos hacer? —propuso mi madre—. Sacarnos una foto todos juntos. Y con Ptolomeo.

Así que lo volvimos a traer y nos hicimos un montón de fotos. Me puse delante de un cartel de *Planeta Tierra* para que me sacasen una con Ptolomeo, y luego vino mi padre. Después se puso también Teo y mi padre se fue, luego se unió mi madre... Hicimos todas las combinaciones posibles, incluso algunas de Ptolomeo solo, y al final nos sacamos un montón de fotos los cinco juntos.

—Las imprimiremos y pondremos una en el salón —decidió mi padre— para recordar siempre este año de regalos inesperados.

16

El domingo, Teo y yo bajamos a la cafetería del hotel a las nueve en punto porque calculamos que necesitaríamos una hora para desayunar. En el bufé libre había de todo y llevábamos dos días poniéndonos las botas.

—¿Me traes un trozo de la tarta esa que es blanca por arriba? —pidió Teo.

—¿Por qué no vas tú?

Soltó un largo suspiro que comenzó con «aaah» y terminó con «pfff».

—Es que estoy muy cansado.

—¡Vaya cara! —respondí.

Aun así me levanté porque alguien tenía que poner un poco de cabeza a la situación.

Si se tomaba el trozo entero, no iba a poder probar todas las tartas: lo que teníamos que hacer era coger una porción de cada una y compartirlas.

En realidad, no creo que Teo estuviese muy cansado; solo un poco decaído porque el fin de semana llegaba a su fin y volvíamos a casa.

El sábado habíamos ido al Jardín Botánico y al Imax, y el viernes al final fuimos al Parque de Atracciones. Seguramente si hubiesen pasado dos días más, habríamos vuelto a cambiar de opinión, pero lo que nos apetecía después de todas las emociones del jueves era un sitio en el que pudiésemos correr y gritar.

Lo pasamos genial. Tuvimos tiempo de subir en casi todas las atracciones que nos gustaban y descubrimos que la gente grita «¡Jerónimooo!» cuando está cayendo. Nunca habíamos estado en un parque de atracciones y entendimos por qué a todo el mundo le gustan tanto.

Cuando volví con las tartas, mi madre le estaba enseñando a mi padre algo que había visto en la tablet. Dejaron de hablar en cuanto me senté.

—Oye, Marcos, este ajolote se parece mucho a Ptolomeo, ¿no?

Cogí la tablet, preguntándome por qué se comportaban de un modo tan sospechoso.

Enseguida lo supe.

Tenía abierta una página web en la que no solo se veía un ajolote muy parecido a Ptolomeo... ¡es que detrás estaba yo!

—¿Por qué salgo aquí? —pregunté, pero no hizo falta que me respondieran porque la web lo dejaba claro.

Teo se acercó a mí y juntos leímos el titular.

Marcos y el tritón inmortal

Un ejemplar único de una especie única.

Marcos ha vivido toda una aventura para dar a conocer su mascota.

—¿Vosotros ya lo habéis leído?

Mis padres asintieron.

—Lo ha escrito Juan. Me dijo que tenía un blog y me pidió fotos del jueves —confesó mi padre—. No te lo había contado para que fuera sorpresa.

No esperé más para leer la noticia.

Marcos va a todas partes con un gran bote de vidrio que agarra con fuerza. Uno puede imaginárselo vaciando el tarro de espaguetis y llenándolo de agua. Porque lo que Marcos lleva de un lado para otro, lo que quiere que todos veamos, es un ajolote.

Sin embargo, él no lo dice así. Sabe que poca gente conoce a los ajolotes, así que presenta a Ptolomeo, su mascota, como un tritón. No es un ejemplar cualquiera: con nueve años, ha superado la expectativa de vida de su especie, y por eso Marcos quiere darlo a conocer.

El ajolote (Ambystoma mexicanum) *es un anfibio de la familia de las salamandras. Proviene de México, y su hábitat natural son los lagos de Xochimilco, cerca de la Ciudad de México. La introducción de especies foráneas en estos lagos ha hecho que hoy esté en peligro de extinción.*

Los ajolotes adultos pueden superar los 25 centímetros. Son de color marrón oscuro, aunque entre los nacidos en cautividad hay ejemplares albinos. Conservan el estado larvario durante su vida adulta y pueden regenerar cualquier parte de su cuerpo. Debido a esta capacidad, han sido objeto de estudio en laboratorios de todo el mundo.

Marcos ha recorrido media España para encontrarse con los responsables de una conocida revista sobre el reino animal. No puede ni imaginar lo que están a punto de decirle: la expectativa de vida de los ajolotes se sitúa en los quince años. ¿Significa eso que Ptolomeo no es un ajolote especial?

El entusiasmo de Marcos no flaquea ni un solo segundo: «Los ajolotes son muy guais. Tienen melena como de león y siempre parece que estén sonriendo». Y añade: «Ptolomeo ha acumulado muchas experiencias en su corta vida. ¡Ha conocido la inmortalidad y la ha rechazado!».

La familia entera celebra la noticia. Cual ave fénix, Ptolomeo ha resurgido de sus cenizas. Su segunda vida comienza hoy.

Planeta
tierra

Debajo había una foto de Ptolomeo en su bote y, detrás de él, la cara de mi madre, mi padre, la de Teo y la mía, muy juntas y sonrientes.

Teo había levantado ya la vista de la pantalla, pero la foto era tan increíble que yo no

podía apartar los ojos de ella.

—Creo que esa es la que vamos a enmarcar. Bien grande —dijo mi madre.

—Marcos, Marcos, Marcos, Marcos, Marcos..., ¡no paran de hablar de ti! —exclamó Teo.

No me lo podía creer. En los dos días transcurridos desde la fiesta de *Planeta Tierra*, me había dado cuenta de que mi sueño de que Ptolomeo saliese en «Animales imposibles» había sido bastante inalcanzable. Pero, aunque su sitio no estuviese en *Planeta Tierra*, había encontrado un hueco en internet.

—¿Juan estaba delante cuando dije esto? —pregunté, señalando la segunda parte de mi cita.

Mi madre asintió.

—Estaba cerca cuando pasó todo. Debió de oír nuestra conversación, y esa frase tuya le hizo gracia.

Volví al principio del reportaje y miré el titular y la foto con orgullo.

—Ptolomeo es tan alucinante que ni siquiera ha necesitado ser inmortal para hacerse famoso —declaré.

Pero eso no fue todo. A lo largo del domingo y de la semana siguiente, aparecieron más noticias sobre Ptolomeo. En algunas el protagonista era mi padre y la fiesta de *Planeta Tierra*, y Ptolomeo y yo aparecíamos mencionados de pasada, y en otras era justo al revés. Incluso hubo un artículo titulado «Ptolomeo, el tritón inmortal», exactamente como yo había imaginado.

La primera vez que busqué en internet «Ptolomeo» y «ajolote» sentí una especie de vértigo al ver los resultados. ¡El de las fotos era mi ajolote! Era como estar en una de esas montañas rusas que te bajan a la vez que te hacen girar. Subí los brazos y grité «¡Jerónimooo!» delante de la pantalla del ordenador.

Gracias a los reportajes descubrí otra cosa. Algunos periodistas se habían puesto en contacto con unos señores de México que intentan que el ajolote deje de estar en peligro de extinción. Están trabajando para mejorar el lago de Xochimilco, que lleva unos años muy contaminado. Ya han limpiado una parte del lago y, con suerte, dentro de poco volverá a ser el hogar de cientos de ajolotes.

Nota de la autora

En *Un tritón en la mochila*, la realidad se mezcla con la ficción. No existe Fernando Sáez Souto ni el libro *Técnicas de la construcción en Egipto*, aunque hay publicaciones similares. La gran diferencia es que no se han descubierto ningunas pinturas murales que expliquen cómo se construyeron las pirámides y, por lo tanto, no sabemos si alguna de esas teorías es cierta.

De las tres explicaciones posibles (alienígenas, rampas o mecanismos) he escogido la última porque es la que me parece más probable. Como dice el padre de Marcos, él no ha sido el primero en pensar que los egipcios disponían de mecanismos que hoy desconocemos. A principios del siglo xx, Auguste Choisy propuso la idea de un balancín elevador y explicó cómo podría haber funcionado. El trabajo de Fernando Sáez Souto es heredero de esas teorías.

Por mucho que nos rompamos la cabeza, no parece probable que un día alguien encuentre la respuesta en un momento de iluminación. Se le ha dado muchas vueltas a este problema y, sencillamente, nos falta información. Quizá más adelante, en algún nuevo yacimiento, aparezca la clave del enigma.

En cuanto a los ajolotes, son tal y como están descritos. Por desgracia, en los últimos veinte años su número ha bajado tan deprisa que ahora están en peligro crítico de extinción. Ese es el motivo por el que hace unos años se podían comprar en tiendas de anfibios, pero ahora venderlos es ilegal. Quizá las expectativas de Marcos respecto a su recuperación sean un poco optimistas, pero ojalá se cumplan y en poco tiempo el lago de Xochimilco vuelva a estar limpio y lleno de sonrientes ajolotes.

Aquí acaba este libro
escrito, ilustrado, diseñado, editado, impreso
por personas que aman los libros.
Aquí acaba este libro que tú has leído,
el libro que ya eres.